LES
VRAIS ET LES FAUX TITRES
DE
NOBLESSE

—

LISTE DE TITRES

CONCÉDÉS A DES FAMILLES DE LA

TOURAINE, DE L'ANJOU, DU MAINE

ET DU POITOU

PAR

J.-X. Carré de Busserolle, ancien Vice-Président de la
Société archéologique de Touraine,
Membre de la Société des gens de lettres

TOURS

SUPPLIGEON, LIBRAIRE-ÉDITEUR

49, rue Nationale, 49

—

1886

LES VRAIS ET LES FAUX TITRES DE NOBLESSE

1874

LES

VRAIS ET LES FAUX TITRES

DE

NOBLESSE

—

LISTE DE TITRES

CONCÉDÉS A DES FAMILLES DE LA

TOURAINE, DE L'ANJOU, DU MAINE

ET DU POITOU

PAR

J.-X. Carré de Busserolle, ancien Vice-Président de la
Société archéologique de Touraine,
Membre de la Société des gens de lettres

———— ❦ ————

TOURS

SUPPLIGEON, LIBRAIRE-ÉDITEUR

49, rue Nationale, 49

—

1886

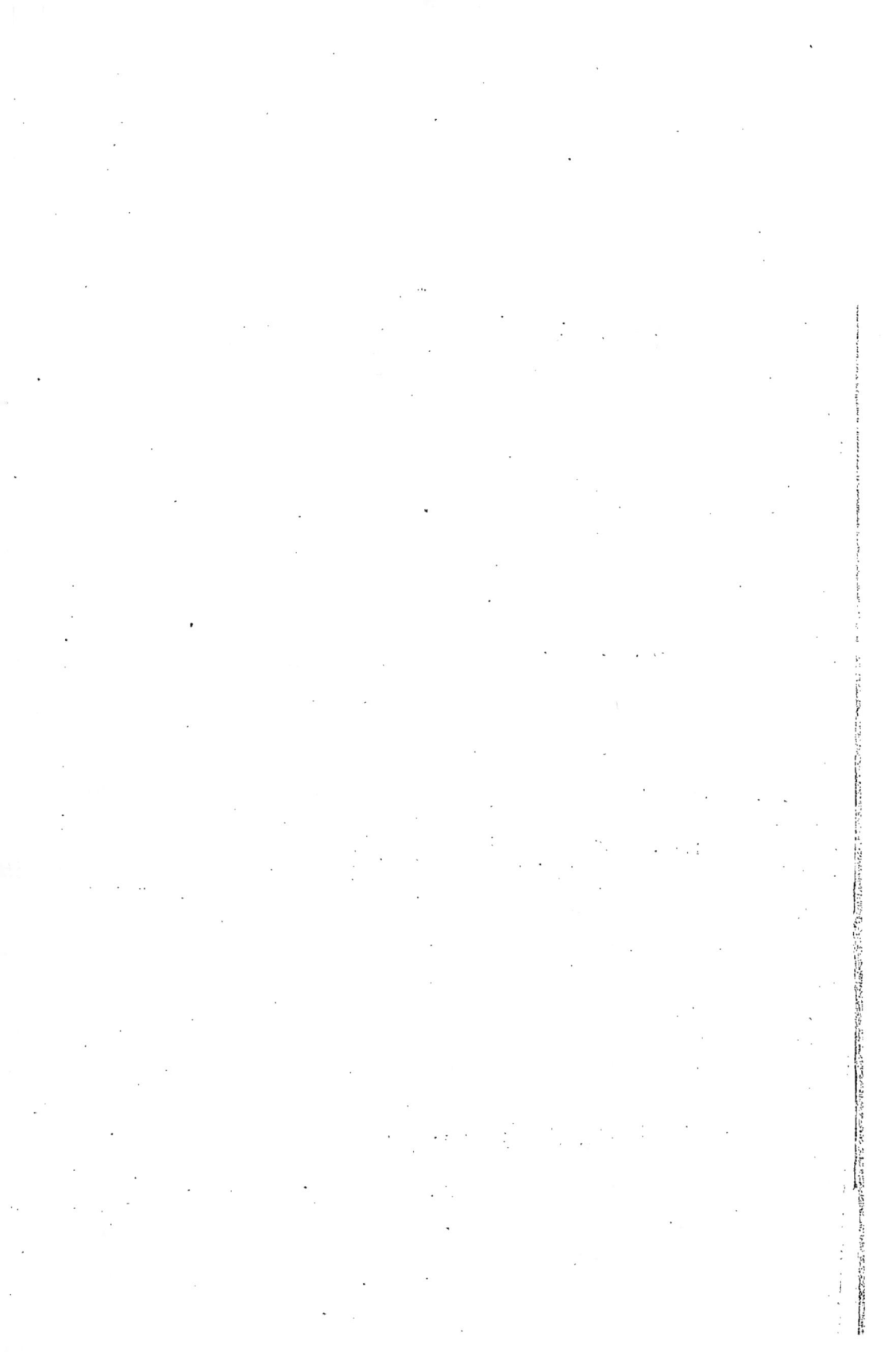

LES VRAIS ET LES FAUX TITRES DE NOBLESSE

Les qualifications de ducs, de marquis, de comtes et de vicomtes ne furent, à leur origine, que des titres personnels, servant à désigner des fonctions civiles ou militaires.

Quant aux barons, rien n'indique que leur titre se soit rattaché à un office, à une fonction.

La plupart des auteurs qui ont traité de la matière s'accordent à dire que, dans les premiers siècles de la monarchie française, cette qualification désignait, d'une façon générale, un personnage appartenant à la plus haute aristocratie.

Les titres eurent d'abord, pour accompagnement, des concessions de certaines portions de territoire destinées, par le revenu qu'elles assuraient, à soutenir l'éclat des fonctions auxquelles elles étaient attachées.

Temporaires seulement, dans le principe, ces bénéfices se transformèrent en propriétés héréditaires, soit, d'après quelques auteurs, à la faveur de l'affaiblissement de l'autorité royale, soit, d'après d'autres, avec l'assentiment de cette même autorité.

Dès lors, aussi, les titres devinrent inhérents aux domaines.

Le fief d'un comte s'appela comté, celui d'un duc, duché, et ainsi des autres.

Pendant longtemps, il n'y eut pas d'ordre hiérarchique bien défini entre les fiefs titrés, ou fiefs de dignité.

A leur origine, les ducs étaient sans doute, par la nature de leurs fonctions, supérieurs aux marquis, les marquis aux comtes, les comtes aux vicomtes ; mais cet ordre s'était plus tard complétement modifié, suivant l'importance des concessions territoriales.

Ainsi, on vit des comtes devenir aussi puissants que certains ducs, et des vicomtes marcher de pair avec les comtes, en raison de l'étendue de leurs fiefs.

Ce fut seulement sous Henri III qu'une hiérarchie officielle fut établie.

Un arrêt du Conseil déclara qu'un marquisat devait être composé de trois baronnies et de six châtellenies ; le comté, de deux baronnies et trois châtellenies, etc.

A cette époque aussi commencèrent les usurpations de titres.

Les seuls titres légalement valables, sous le régime féodal, étaient ceux qui avaient été concédés par lettres patentes duement enregistrées.

La concession pouvait être de deux natures : ou elle consacrait l'érection d'une terre en telle ou telle dignité ; ou elle portait attribution d'un titre, sans le lier à une possession territoriale.

On cite, comme exemples de ce second cas, les titres de « marquis de Dreux » et de « comte de Chamillart », conseil-

lers au parlement de Paris, — et celui de « marquis d'Auray »
décerné, en 1700, aux barons de St-Poix.

Dans cette catégorie se rangent également les ducs à brevet,
titres qui ne se rattachaient à aucun domaine féodal et avaient
ce caractère tout particulier qu'ils n'étaient point transmis-
sibles.

Les lettres patentes portant concession de titres, avec ou sans
érection, prononçaient, sauf de rares exceptions, le bénéfice de
l'hérédité de mâle en mâle et par ordre de primogéniture.

Bien qu'elles n'en fissent pas mention, le titre demeurait in-
divisible comme le fief lui-même.

L'aîné, du vivant de son père, n'y avait aucune espèce de
droit, pas plus qu'à une qualification inférieure.

C'est par centaines que l'on compte dans l'histoire généalo-
gique des familles, avant 1789, les infractions à la règle de
l'indivisibilité des titres.

Tandis que, d'une part, l'aîné porte, en même temps que son
auteur, la qualification appartenant à ce dernier seul, on voit
ses frères s'attribuer des titres dérivant du premier, et allant
en décroissant suivant l'ordre de naissance de chacun.

Ainsi, si le père est marquis, le fils aîné prend cette qualification ; le second fils se fait appeler comte, le troisième, vicomte, le quatrième, baron.

Par la suite, les descendants des prétendus comtes, vicomtes
et barons prenant aussi des titres, il en résultait, qu'après trois
ou quatre générations, la même distinction nobiliaire se trouvait en avoir engendré une dizaine ou une quinzaine.

C'était aussi ridicule qu'illégal.

Si on joint à cela les titres du même genre, également usur-

, et provenant de diverses autres sources dont nous allons
iquer les principales, on ne sera pas surpris d'entendre dire
un écrivain, M. Maugard, qu'en 1788, sur 8,000 marquis,
tes, vicomtes et barons, 2,000 au plus l'étaient légitime-
t.

'est ce que l'on peut constater d'ailleurs en parcourant les
s des nobles, dressées pour les élections des députés aux
s-Généraux, en 1789.

es titres légaux y sont relativement rares, tandis que les
es purement imaginaires y fourmillent.

elui de marquis semble avoir eu le privilège d'exciter plus
ticulièrement les convoitises.

nsuite vient le titre de comte, également très-recherché.

eux de vicomte et de baron sont plus rarement pris.

uant à celui de duc, on trouve peu ou point d'exemple qu'il
été l'objet d'usurpations.

'envie de s'en parer n'a pas manqué sans doute ; mais on
ait forcément s'arrêter devant des embarras très-sérieux, ré-
ant des hautes prérogatives et des privilèges tout spéciaux
chés à ce titre.

es complaisances blâmables qui firent admettre dans les
cès-verbaux de 1789 une foule de titres usurpés se retrou-
t dans les actes de l'état civil à cette date et antérieure-
t.

ouvent on y voit le moindre seigneur de village, dont la
lesse était d'ailleurs très-contestable, adjoindre un titre à
nom.

en est de même dans certaines pièces judiciaires, où le
neur pouvait d'autant mieux se faire donner les qualifica-

tions qui lui convenaient, que les officiers de justice étaient à sa nomination.

Ce n'est pas que les déclarations du roi et les arrêts manquassent pour prévenir ces abus.

Il y avait notamment un arrêt du parlement de Paris, du 13 août 1663, faisant défense « à tous propriétaires de se qualifier barons, comtes, marquis, sinon en vertu de lettres patentes bien et duement enregistrées.

Mais cet acte prohibitif et tant d'autres, qu'il serait inutile d'indiquer ici, restèrent à l'état de lettre morte.

Le pouvoir montrait à cet égard une insouciance et une mollesse que les amateurs de distinctions nobiliaires savaient largement mettre à profit.

Les origines des titres portés irrégulièrement avant 1789 et depuis, sont nombreuses.

Voici les principales :

1o — L'abus de la divisibilité des titres, dont nous avons déjà parlé.

Nombre de familles vous diront, de bonne foi, que le fils aîné d'un marquis peut prendre le titre de comte, le second fils, le titre de vicomte, le troisième, celui de baron.

C'est ainsi, en effet, que les choses se sont passées sous la Restauration, mais seulement en ce qui concernait les enfants des Pairs, en vertu de l'ordonnance du 25 août 1817. Ces titres d'ailleurs, n'étaient que viagers.

2o — Le défaut d'enregistrement des lettres patentes portant érection d'une terre en telle ou telle dignité.

Le bénéfice de l'érection ne se trouvait point annulé par l'absence de cette formalité ; mais alors le titre était dépouillé de n caractère héréditaire.

3º — Le titre relevé par des branches cadettes après l'extinc-
tion de la branche aînée, sans que de nouvelles lettres patentes
aient consacré cette transmission.

4º — Le titre pris à la suite de l'acquisition d'une terre titrée.

L'acquéreur ne pouvait prendre le titre de la terre avant
d'avoir obtenu de nouvelles lettres d'érection ou des lettres de
confirmation.

Il devait se qualifier, non pas de marquis de.., ou de comte
de...., mais de seigneur du marquisat de... ou du comté de...

Le vendeur lui-même ne pouvait conserver la qualification
attachée à son ancien domaine.

5º — Un titre provenant des « honneurs de la cour », alors
qu'il est porté héréditairement.

A l'occasion de l'admission d'un gentilhomme, non titré, aux
honneurs de la cour, il était d'usage de lui laisser prendre un
titre.

Mais cette faveur, uniquement accordée pour la circonstance,
était toute personnelle.

La descendance du personnage admis n'avait aucun droit à
continuer la qualification.

Les usurpations provenant de cette source sont très-nom-
breuses.

6º — Les titres énoncés par inadvertance, par complaisance
ou courtoisie dans les actes de l'état-civil ou autres, — dans
les brevets, — dans des écrits émanant du roi ou de ses mi-
nistres, ou autres fonctionnaires, — dans des suscriptions de
lettres, etc...

Beaucoup de personnes, qui ignorent les premiers éléments
de la législation nobiliaire, se figurent qu'elles sont en posses-

sion légitime de leur titre par ce seul fait qu'on le rencontrerait dans des actes. Leur erreur n'est pas douteuse. Ces mentions indiquent tout simplement que la qualification a été portée.

Elles peuvent être un moyen d'acheminement vers la preuve, mais elles ne démontrent pas la légitimité d'un titre.

La grande excuse de certaines familles qui ne peuvent indiquer l'origine des distinctions nobiliaires dont elles se parent, c'est que leurs archives auraient été détruites pendant la Révolution.

Cette raison ne vaut rien. En admettant en effet que les expéditions, les copies, eussent disparu, on retrouverait les originaux dans les dépôts publics. A défaut même de ces originaux, on verrait figurer les dates de concession ou d'érection dans les ouvrages généalogiques.

En résumé, les seuls titres légitimes, avant 1789, comme aujourd'hui, sont ceux qui reposent sur des lettres patentes. Tous les autres constituent des usurpations.

LISTE DE TITRES

CONCÉDÉS A DES FAMILLES DE LA

TOURAINE, DE L'ANJOU, DU MAINE

ET DU POITOU

Cette liste, malgré nos longues et minutieuses recherches pour l'établir, ne saurait être regardée comme complète.

Les omissions qui pourraient s'y rencontrer concerneraient principalement les familles établies depuis quelques années en Touraine, en Anjou, dans le Poitou et le Maine, et dont le séjour dans ces contrées serait ignoré de l'auteur.

De cette liste nous avons écarté, sans vouloir exercer un contrôle qui ne nous appartient pas, les familles portant des qualifications dont l'origine nous est inconnue.

La date précise de concession nous a quelquefois manqué pour diverses distinctions nobiliaires accordées sous l'Empire. Mais, quoique privées de dates, nos indications n'en sont pas moins certaines.

Les personnes dont les titres reposent sur des documents certains, et qui ne figureraient pas dans notre travail, sont priées de nous adresser les renseignements nécessaires.

Nous ferions usage de ces renseignements dans une seconde édition.

————

ABZAC (d') , (Poitou , marquis de la Douze. — Lettres pat. de nov. 1615.

AGOULT (d') , (Maine) , comtes de Sault, en 1561, — marquis d'Ollières, par lettres de mars 1689.

AITZ DE NESMY (d') , Poitou, marquis de la Villedieu, par lettres d'avril 1689.

ALBERT DE LUYNES (d') , Touraine, ducs de Luynes (août 1619) , ducs de Luxembourg (10 juillet 1620) , ducs de Chaulnes (janvier 1621) , ducs de Chevreuse (1677) .

ALIGRE (d') . marquis, août 1752, — 4 juin 1756, marquis, pair, 17 avril 1815.

ALOIGNY (d'), Poitou, Touraine, marquis de la Groye, janvier 1661.

ALSACE (d'), princes d'Hénin, par lettres du 2 mars 1828.

AMBOISE (d'), en Touraine, Poitou et Anjou, — marquis d'Aubijoux, août 1565.

AMELOT, Touraine et Anjou, marquis de Mauregard, août 1651, — marquis de Chateauneuf, mars 1750, — marquis de Chaillou, juin 1782.

AMYS DU PONCEAU, Anjou et Touraine, vicomtes, 3 août 1816, majorat, 4 septembre 1829.

ANDIGNÉ (d'), comtes de Ste-Gemme-d'Andigné, avril 1747, — comtes, 2 mars 1816.

ANDRÉ, barons de la Fresnaye, 13 avril 1811.

ANGELLIER, en Touraine, barons, avec majorat, 1825.

ANGLURE (d'), Touraine, comtes d'Estoges, 1656

et septembre 1682.

ANTHENAISE (d'), Maine, Anjou, Touraine, — comtes, avec majorat, 6 septembre 1828.

APPELVOISIN (d'), Poitou, Touraine, barons de la Loge-Fougereuse, — érection du 2 mars 1546.

ARGENT DES DEUX-FONTAINES (d'), barons, 1826.

ARGOUGES (d'), Maine, Touraine, — marquis de Rannes, lettres de 1672. — Érection des terres d'Achères et de la Chapelle-la-Reine en marquisat, lettres d'avril 1680, registrées le 18 décembre 1682.

ARTHUYS DE CHARNIZAY, barons de l'Empire, 29 janvier 1811.

ASNIÈRES (d'), Poitou, marquis d'Asnières-la-Châteigneraie, juillet 1766.

AUBIGNÉ (d'), Touraine, marquis de Villandry, septembre 1738.

AUMONT (d'), Poitou, Touraine, marquis de Clervaux, février 1620, — ducs d'Aumont, 1665, 1759.

AUVRAY, Touraine, Maine, — barons de l'Empire, 15 août 1809.

AUX (d'), Poitou, Maine, Anjou, marquis d'Aux, lettres de 1777.

AVIAU DU BOIS DE SANXAY (d'), Poitou, Touraine, — comtes de l'Empire ; — comtes, pairs, 4 août 1821.

AYMÉ, Poitou, barons de l'Empire, lettres du 15 février 1809, renouvelées le premier juin 1816.

AYMÉ, barons de la Chevrelière, Poitou, — 27 juin 1811.

BACOT DE ROMAND, Touraine, barons, ordonnance du 16 mai 1816, lettres patentes du 11 juin suivant.

BAILLEUL (de), Maine, marquis, par lettres patentes portant érection de la terre de Château-Gontier en marquisat, en 1676.

BALINCOURT (de), V. TESTU.

BARBANÇOIS (de). Touraine et Berri, marquis, par lettres d'érection de la terre de Villegongis en marquisat, de mars 1767.

BARBERIN, Touraine, marquis de Reignac, par lettres d'érection, de mars 1710.

BARRIN DE LA GALISSONNIÈRE, Touraine, Anjou, Maine, vicomtes de la Jarrière, par lettres d'érection de janvier 1645, — marquis de la Galissonnière, par lettres d'août 1701.

BASTARD D'ESTANG (de), barons d'Estang, 19 janvier 1812 et 5 juillet 1820, — comtes, 28 mai 1819, — barons, 1860.

BASTARNAY (de), Touraine, barons, juillet 1478, — puis comtes du Bouchage.

BAUDARD DE VAUDÉSIR, Anjou, — lettres de décembre 1755, renouvelant le titre de baronnie de St-Germain d'Andigné.

BAUDÉAN (de), Poitou, Touraine, — marquis de la Mothe-Ste-Héraye, lettres de juin 1633. enregistrées le 6 août.

BAUFFREMONT (de), princes du St-Empire, 1757, ducs, 31 août 1817.

BAUME LE BLANC (de la), Touraine, ducs de la

Vallière, lettres de mai 1667 et février 1723.

BEARN (de), V. GALLARD.

BEAUHARNAIS (de), Maine, Anjou, Touraine, — barons de Beauville, lettres du 25 juin 1707, — comtes des Roches-Baritaud, lettres de juin 1759, — marquis de la Ferté-Beauharnais, lettres de juin 1764, — comtes de l'Empire, — ducs de Leuchtenberg, princes d'Eichsædt, 1817.

BEAUMANOIR (de), Maine, marquis de Lavardin, juillet 1601.

BEAUMONT (de), V. BONNINIÈRE (de la).

BEAUPOIL (de), comtes de St-Aulaire, barons, pairs, 1821.

BEAUVAU (de), Touraine, Anjou, Maine, — marquis de Beauvau du Rivau, érection du 14 juillet 1664, — marquis de Craon, 21 août 1712, barons d'Hargeville, 8 avril 1721, — princes de Craon et du St-Empire, 13 novembre 1722, — comtes de l'Empire.

BEAUVILLIERS (de), Touraine, — comtes de St-Aignan, — ducs, décembre 1663.

BEC-DE-LIÈVRE (de), Touraine, Maine, vicomtes

de Bouexic, février 1637, — marquis de Quevilly, mai 1654, — marquis de Bec-de-Lièvre, lettres de février 1717, enregistrées le 28 mars 1730.

BELABRE (de) V. LE COIGNEUX.

BELGRAND DE VAUBOIS, Poitou, comtes de l'Empire.

BELLIARD, Poitou, — comtes de l'Empire, 9 mars 1810.

BERNIN DE VALENTINAY, marquis d'Ussé, érection d'avril 1692, — nouvelles lettres d'érection de septembre 1700.

BERTHIER DE LA SALLE, Maine, — barons de l'Emgire.

BERTRAND GESLIN, en Anjou, — barons de l'Empire.

BESSAY (de) , comtes de Bessay, lettres de février 1630, confirmées en avril 1662.

BÉTHIZY (de) , marquis, — barons de l'Empire, — barons, pairs, 1824.

BÉTHUNE (de) , marquis, 1601, — ducs et pairs, 1606, — princes du St-Empire, 1781.

BLACAS (de) , ducs, 30 avril 1821.

BLANES (de) , Touraine, — érection en marquisat de la terre de Millas, octobre 1719.

BLANRIEZ (de) , V. TELLIER.

BOCK (de) , Maine, barons, premier septembre 1791.

BOISAYRAULT (de) , V. FOURNIER.

BOISCUILLÉ (de) , V. MONCUIT.

BOIS DES COURS (du) , Touraine, Maine, Poitou, marquis de la Maison-Fort, lettres d'érection du 9 novembre 1743.

BOIS-LE-COMTE (de) , comtes, 1847.

BONDY (de) , V. TAILLEPIED.

BONGARS (de) , barons de l'Empire.

BONNAIRE, barons de l'Empire.

BONNINIÈRE DE BEAUMONT (de la) , Touraine,

Maine, Anjou, marquis de Beaumont, par érection d'août 1757, — comtes de l'Empire, 25 novembre 1813.

BONTEMPS, barons de l'Empire, 1809.

BOREAU DE LA BESNARDIÈRE, Anjou, barons, 14 avril 1810.

BOUCHET DE SOURCHES (du), Maine, marquis de Sourches, décembre 1652, ducs de Tourzel.

BOUDET DE PUYMAIGRE, comtes, 1820.

BOUFFLERS (de), ducs, 1699.

BOUILLÉ (de), comtes de l'Empire.

BOULAY DE LA MEURTHE, comtes de l'Empire, 26 avril 1808.

BOURGEOIS, Anjou, barons de l'Empire.

BOURDONNAYE (de la), barons de l'Empire.

BOURGNON DE LAYRE, Poitou, barons, lettres du 7 mars 1815, enregistrées le 18 août.

BOURGOIN (de), barons de l'Empire.

BOURGOIN (de), baron personnel, 1830.

BOUVIER DE LA MOTTE, Touraine et Maine, marquis de Cepoy, érection d'avril 1748.

BRANCAS (de), Touraine, Maine, marquis de Graville, 1611, ducs de Villars, septembre 1627, ducs de Lauraguais, 1714, nouvelles lettres pour le duché de Villars, 2 septembre 1716.

BRAUX (de), marquis d'Anglure, 1657.

BRENIER, Touraine, barons, 1841.

BRETEUIL (de), V. LE TONNELIER.

BRIÇONNET, Touraine, comtes d'Auteuil, lettres de septembre 1660.

BROC (de), Anjou, Maine, vicomtes, par érection de 1635, — barons de l'Empire.

BROGLIE (de), ducs, juin 1742, — princes du St-Empire.

BROSSARD, barons, 1830.

BRUC (de), Maine, Anjou, — marquis de la Guerche, lettres de février 1682, — barons du Blaison, érection de 1762.

BRYAS (de) , Touraine, marquis de Molinghen, 20 juin 1645, — comtes de Bryas, 31 mai 1649, — marquis de Royon, avril 1692.

BUCHÈRE DE L'EPINOIS, comtes romains, 1881.

BULLION (de) , marquis de Fervaques, érection d'août 1681.

CACQUERAY (de) , barons de l'Empire.

CAILLEBOT DE LA SALLE, marquis de la Salle, par érection de 1673.

CAMBACÉRÈS, (de) , Maine, barons, comtes, princes de l'Empire, ducs de Parme, — ducs, 27 mai 1857.

CAMBOUT DE COISLIN (du) , Maine, marquis, par lettres d'août 1634, vicomtes de Carheil, juin 1658, — barons, pairs 1824.

CARADEUC (de) , Maine. vicomtes, par érection de la terre de Neuvillette, 1578.

CARS (des) , V. PÉRUSSE.

CASSIN, Touraine, Poitou, majorat, au titre de baron, 18 mai 1825.

CASTELLANE (de) , Touraine, érection en comté de la terre de Villandry, en Touraine, lettres de mars 1758, — comtes de l'Empire.

CHABAN (MOUCHARD DE) , Touraine, chevalier de l'Empire, 3 mai 1809, — comtes de l'Empire, 9 décembre 1809.

CHABIEL DE MORIÈRE, Poitou, — barons, ordonnance du 23 juillet 1824.

CHABOT, Poitou, Touraine, — comtes de Busançais, 1533, — ducs de Rohan, déc. 1642.

CHABOT, Poitou, — barons de l'Empire, lettres du 30 août 1811.

CHABROL DE CROUZOL, comtes, 1810, barons, pairs, 1824.

CHAMBES (de) , barons de Montsoreau, en 1560, comtes, mars 1573.

CHAMBGE DE NOYELLES, barons de Noyelles, mai 1772.

CHAMPCHÉVRIER (de), V. LA RUE DU CAN (de).

CHAMPLAIN (de), Maine — marquis de Courcelles, mai 1667.

CHANALEILLES (de), confirmation du titre de marquis, 1817.

CHANDION (de), Touraine, vicomtes, juin 1586.

CHAPAIS DE MARIVAUX, barons. 22 mars 1814.

CHAPELLE DE JUMILHAC, marquis, 1611, — ducs de Richelieu, 19 décembre 1832.

CHAPIZEAUX (de), V. GOUYN.

CHAPTAL, Touraine, comte de Chanteloup, 25 mars 1810, — baron pair, 1822.

CHARENTAIS (de) V. DOUINEAU.

CHARNACÉ (de), V. GAUTHIER.

CHARTIER DE COUSSAY, Touraine, Poitou, barons e l'Empire, 23 décembre 1810.

CHASPOUX, Touraine, marquis de Verneuil, érection

d'avril 1746.

CHASSEBŒUF DE VOLNEY, Anjou, comtes de l'Empire, 1806.

CHASSEPOT DE PISSY, barons de l'Empire, 19 juin 1813, — marquis, 11 septembre 1820.

CHASTENET DE PUYSÉGUR (de), majorat attaché au titre de marquis, 30 avril 1822, — majorat attaché au titre de comte, 5 juillet 1823, — barons pairs, 28 mai 1824.

CHATILLON (de), Poitou, ducs de Chatillon-sur-Sèvre, 1736.

CHATRE (de la), Touraine, Poitou, comtes de Nançay, juin 1609, — ducs, 31 août 1817.

CHAUBRY DE LA ROCHE, Maine, Anjou, barons de Troncenord, 16 décembre 1810.

CHAUMÉJAN (de), Touraine, marquis de Fourilles, mars 1610.

CHEMINEAU, Poitou, comtes de l'Empire.

CHEVIGNÉ (de), Anjou, vicomtes, 26 mai 1827.

CHEVREAU, baron, 1841.

CHENETZ (des), V. MARTINEAU.

CHIVRÉ (de), Anjou, Maine, marquis, par lettres d'érectiou de juin 1683.

CHOISEUL (de), Poitou, Touraine, marquis de Stainville, 27 avril 1722, — ducs de Praslin, 1762, — comtes de l'Empire.

CHOUET, Maine, vicomtes de Maulny, par érection de 1677.

CHRISTIN, Touraine, chevaliers et barons de l'Empire.

CLARY, Touraine, comtes de l'Empire, 4 juin 1815.

CLEMENT DE LA RONCIÈRE, Touraine, comtes de l'Empire.

CLEMENT DE RIS, Touraine, comtes de Maulny, 21 novembre 1810.

CLERMONT-GALLERANDE (de), Touraine, Anjou, Maine, marquis de Gallerande, août 1576.

CLERMONT-TONNERRE (de) , Touraine, duc à brevet, 1571-72, — barons de l'Empire, 1812, — marquis, 1817-26-29.

CLINCHAMP (de) , V. LE ROY.

COCHON DE LAPPARENT, Poitou, Touraine, comtes de l'Empire, 1809, — comtes, 1862.

COEFFIER-D'EFFIAT, Touraine, marquis, par lettres de mai 1624.

COLBERT (de) , Anjou, Maine, marquis, avril 1668, — marquis, par érection de la terre de Cholet, 1677, — barons de l'Empire.

COLET, archevêque de Tours, comte romain, mort en 1874.

COLOMB DE BATTINE, vicomtes, 1829.

CONTADES DE GIZEUX (de) , comtes, 28 mai 1809, — pairie instituée au titre de comte, 28 juin 1821.

CORNULIER (de) , marquis de Chateaufromont, par lettres de septembre 1683.

COSSÉ-BRISSAC (de) , Maine, Anjou, comtes de

Brissac, décembre 1560, — marquis d'Acigné, en juillet 1609, — ducs, 1621, 1784, — comtes de l'Empire, 20 février 1812.

COURTARVEL (de), Maine, Anjou, marquis de Pezé, érection d'avril 1656, — barons-pairs, 8 avril 1824.

COURTOMER-ST-SIMON (de), Maine, comtes, 5 août 1809.

COURTOUX (de), Maine, Anjou, marquis de la Chartre-sur-Loir, avril 1697.

COUTARD, Maine, comtes de l'Empire.

CREIL (de), marquis de Bournezeaux, lettres d'avril 1681.

CROIZET, marquis, par érection de la terre d'Etiau, en 1702.

CROSAT DE RAMON, Maine, Anjou, marquis de Thorigny, lettres de confirmation et nouvelle érection, eptembre 1723.

CROY (de), Maine, ducs d'Havré, juillet 1598, — princes du St-Empire, 1486-1662, ducs, 1768.

CROY-CHANEL DE HONGRIE (de), Touraine et Poitou, comtes de l'Empire, 6 novembre 1809.

CRUGY-MARCILLAC (de), marquis, par lettres du 10 avril 1765.

CUGNAC (de), Poitou, Touraine, marquis, 1616, — marquis, janvier 1861.

DAILLON (de), Maine, Anjou, ducs, par érection de la terre du Lude, juillet 1675.

DAVOUST, Maine, duc d'Auestaedt, 2 juillet 1808, — princes d'Eckmulh, 1809, — ducs d'Auestaedt, 17 septembre 1864.

DECRESSAC, Poitou, barons de l'Empire, — barons, 25 avril 1819, — vicomtes, 26 juillet 1826.

DEFERMON, Maine, barons de l'Empire.

DEJEAN, Touraine, barons et comtes de l'Empire, — barons, comtes, 4 juin 1814, 5 mars 1819, 12 mai 1824.

DELAIRE, barons, 20 mai 1829.

DEMETZ, barons de l'Empire.

DESLANDES, Touraine, barons, 1814.

DESTABENRATH, Touraine, barons de l'Empire.

DEURBROUCQ, Anjou, barons de l'Empire.

DODE DE LA BRUNERIE, barons de l'Empire.

DODUN, marquis, 1826.

DOUINEAU DE CHARENTAIS, Touraine, — barons, septembre 1826.

DOYEN, Touraine, barons, 1841.

DREUX-BREZÉ (de) Maine, Poitou, marquis de Brezé, août 1685.

DUCASSE, Maine, barons de l'Empire.

DUMAS, comtes de Polard, comtes de l'Empire.

DUPIN, Poitou, barons de l'Empire.

DUPONT DE POURSAT, barons de l'Empire.

DURAND DE LINOIS, comtes de l'Empire.

DURAND DE PIZIEUX, Maine, Touraine, barons, 19 juin 1813.

DURANT MAREUIL, comtes, 1846.

DURANT DE ST-ANDRÉ, barons, 1847.

DURFORT (de), Anjou, Touraine, marquis de Duras, 1609, — ducs de Duras, mai 1668, — ducs de Lorges, 1691-1706, — ducs de Randan, 1733, — ducs de Duras, à brevet, 1770, — ducs de Lorges, 1775, — ducs de Civrac, 1774.

EPINAY (de l'), Poitou, barons de l'Empire.

ESCOTAIS (des), Touraine, Anjou, Maine, comtes de la Roche des Escotais, janvier 1755.

ESCOUBLEAU (d'), Maine, Anjou, Touraine, — comtes de la Chapelle-Bellouin, août 1562, — marquis d'Alluye, août 1602.

ESPAGNE DE VENEVELLES (d') — chevaliers et comtes de l'Empire, — marquis, 1861.

ESTÈVE, Maine, comtes de l'Empire,

FALLOUX (de), Maine, Anjou, Touraine, Poitou, majorat au titre de comte, 30 octobre 1830 .

FAU (du), Touraine, barons du Fau, 1500.

FAUDOAS (de), Maine, — comtes de Sérillac, juin 1653.

FAULCON, Poitou, chevalier de la Parisière, chevalier de l'Empire.

FAYOLLE (de), marquis, 1724.

FAYOLLE (du Rousseau de), V. ROUSSEAU (du)

FAYOLLES DE MELLET (de), Maine, barons, 26 février 1814.

FERRAND, Poitou, comtes, 27 septembre 1814.

FEYDEAU (de), marquis de Brou, érection de juillet 1761.

FITZ-JAMES (de), Maine, Touraine, ducs, lettres de mai 1710.

FLAVEAU (de), Touraine, barons, 15 juin 1710.

FORESTIER (de), Touraine, comte de Coubert, 12 octobre 1846.

FORGET, Touraine, barons de Mafflée, lettres d'érection de 1602.

FOUCAULT (de), maintenue du titre de vicomte, 1831.

FOUCHER, Poitou, barons, 1624, marquis de Foucher-Circé, juin 1663.

FOUQUET, Anjou, comtes de Chalain, érection de décembre 1657.

FOURNIER DE BOISAYRAULT, barons, avec majorat, 1818.

FRANQUETOT, Maine, comtes, 1650, — marquis, puis ducs de Coigny, 1747.

FRAPPART, Maine, barons de l'Empire.

FRÉZEAU DE LA FREZELIÈRE, Maine, Anjou, — marquis, novembre 1655.

GAIGNON, Maine, Touraine, comtes, puis marquis de Villennes, 1767-80.

GALLARD DE BÉARN, (de), comtes de l'Empire, 1809.

GALLES (de), V. MORARD.

GALLET DE MONDRAGON, Touraine, — marquis, par lettres de Philippe II, roi d'Espagne, — concession nouvelle par Louis XV, 29 décembre 1724.

GARRAN DE COULON, Poitou, comtes de l'Empire, avril 1808.

GAUDECHART (de) , marquis, avril 1652.

GAULLIER, Touraine, barons, avec majorat, 18 mai 1825.

GAUTHIER DE CHARNACÉ, barons de l'Empire, 1810.

GAUVILLE (de) , maintenue du titre de vicomte, 1830.

GAYARDON DE LEVIGNEN, marquis, juin 1720.

GENCIAN (de) , Anjou, marquis, par érection de la terre d'Erigné, juillet 1685.

GHAISNE (de) , Anjou, Maine, comtes de Bourmont, janvier 1691.

GIGAULT DE BELLEFONDS, Touraine, Maine, Anjou, marquis de la Boulaye, lettres de confirmation d'octobre 1696.

GILBERT DE VOISINS, Touraine, — comtes, 4 juin 1815.

GILLES DE LA BERARDIÈRE, Maine, Anjou, Touraine, barons de la Barbée, 20 avril 1752.

GIRARD, Anjou, barons de l'Empire.

GOISLARD, Anjou, comtes, par érection de la terre de Richebourg-le-Toureil, mai 1756.

GOUEY DE LA BESNARDIÈRE, (de) Touraine, — comtes, 30 avril 1816.

GOUFFIER, Poitou, Touraine, ducs de Roannez, 1519, 1566, comtes de Maulévrier, août 1562, — marquis de Boissy, mai 1564.

GOUYN DE CHAPIZEAUX, (de), Anjou, Touraine, marquis de Fontenailles, juillet 1703.

GRANGES DE SURGÈRES (de), Poitou, marquis de la Flocellière, 1706.

GRIMOARD (de), Touraine, — marquis de Grisac, érection de 1608.

GUAST (du), Touraine, — marquis de Montgauger,

janvier 1623.

GUIBERT DE LA ROSTIDE, Touraine, marquis, 23 mars 1770.

GUILLIER DE SOUANCÉ, comte, 1863.

GUILLON DE ROCHECOT, Touraine, marquis, par érection de janvier 1767.

GUILLOT DE LA POTERIE, Touraine, Maine, — barons, ordon. du 18 juin 1817, lettres patentes du 14 août 1818.

HAINGUERLOT, Touraine, barons, 1829.

HAMILTON, ducs de Châtellerault, — confirmation de ce titre, 20 avril 1864.

HARCOURT (de), Touraine, Anjou, Maine, Poitou, marquis de Beuvron, août 1593, — ducs, nov. 1700 et 1784.

HARMAND, Maine, barons d'Habancourt, barons de l'Empire, — vicomtes, 1841.

HERRY DE MAUPAS, Touraine, vicomtes, 18 juin 1828, — lettres patentes portant érection de majorat au dit titre, 1830.

HERSENT-DESTOUCHES, Touraine, — barons de l'Empire.

HEURTELOUP, Touraine, barons de l'Empire.

HOPITAL (de l'), Touraine, comtes, 1577, marquis, 1598, ducs, août 1644.

HOUDETOT (de), Maine, barons, 1809.

HUART SAINT-AUBIN, barons de l'Empire.

HUCHET DE LA BÉDOYÈRE, comtes, 4 juin 1815.

HUE, Touraine, Maine, marquis de Miromesnil, juillet 1687.

HUGUET DE SÉMONVILLE, comtes de l'Empire.

HURAULT, Maine, Anjou, Touraine, comtes de Cheverny et de Limours, 1577-1607, — marquis de Vibraye, avril 1625.

ISORÉ D'HERVAULT, Touraine, Poitou, marquis de Plumartin, par érection de janvier 1652.

JALESNES (de), Maine, marquis, par lettres de décembre 1634.

JANZÉ (de) , comtes, 1818.

JARNO (de) , Poitou, barons, 1820.

JOUFFROY-GONSANS (de) , marquis, mars 1707, août 1736.

JOUSBERT (de) , barons de l'Empire, — vicomtes, 17 août 1822.

JOUSSEAUME (de) , Poitou, Touraine, — marquis de la Bretesche, 1657.

JUPILLES (de) , Maine, Anjou, vicomtes de Jupilles, mars 1655.

KERGARIOU (de) , Touraine, comtes de l'Empire.

LAAGE (de) , Anjou, barons de l'Empire.

LA BAROLLIÈRE (de) , V. PILLOTE.

LA BAUME DE LA SUZE (de) , Touraine, comtes, 1472.

LA BEDOYÈRE (de) , V. HUCHET.

LA BESNARDIÈRE (de) , V. GOUEY.

LA BOURDONNAYE (de) , barons de l'Empire.

LA BRUNERIE (de) , V. DODE.

LA CANORGUE (de) , V. MERI.

LAFON DE LADUYE, barons, 1864.

LAFOREST, comtes de l'Empire, 1808.

LA FOREST (de) , Maine, barons, 5 mars 1819.

LAISTRE (de) , Poitou, Touraine, confirmation de l'érection en comté de la terre de Fontenay–les–Brie, avril 1724.

LAMANDÉ (de) , chevalier de Vaubernier, chevalier de l'Empire.

LAMBERT, Touraine, barons de l'Empire.

LAMOIGNON (de) , Poitou, marquis de la Mothe–Chandenier, octobre 1700.

LANCRY DE PRONLEROY (de) , Maine, Touraine, marquis, 1770.

LANJUINAIS, Maine, comtes de l'Empire.

LA POTERIE (de) , V. GUILLOT.

LA ROCHE (de) , Poitou, marquis de la Groye, juin 1722.

LARRARD (de) , Touraine, — barons de Harriette, érection de février 1691.

LA RUE DU CAN DE CHAMPCHÉVRIER (de) , barons, lettres de 1741, registrées le 15 janvier 1742.

LARY DE LA TOUR (de) , Touraine, comtes, lettres de mai 1664.

LAS-CASES (de) , Maine, Anjou, barons, 1809, — comtes de l'Empire, — barons, 1843.

LA TREMBLAYE (de) , V. ROBIN.

LAUZON (de) , Poitou, barons de la Poupardière, janvier 1652.

LAVAL (de) , Touraine, Maine, Anjou, comtes, 27 juillet 1427, — marquis, juin 1642, oct. 1643, — ducs de Laval-Montmorency, oct. 1758.

LAVAL-BOISDAUPHIN (de) , Maine, marquis de Sablé, 15 mars 1602.

LE BAULT DE LA MORINIÈRE, Poitou, Anjou, — comtes, héréditaires, par bref de Sa Sainteté Pie IX, du 6 juillet 1872.

LE BOULANGER DE MONTIGNY, — marquis, décembre 1651.

LE BRETON, Touraine, marquis de Colombiers-Villandry, 1619-39.

LE CLERC, marquis de Juigné, barons-pairs, 1826.

LE COIGNEUX, Touraine, Poitou, marquis de Montméliant et de Morfontaine, mai 1655, — marquis de Belabre, février 1650.

LECONTE-DESGRAVIERS, barons de l'Empire, 23 décembre 1810.

LEFEBVRE DE L'AUBRIÈRE, Anjou, marquis, par érection de février 1725.

LE FORESTIER DE VENDŒUVRE, — comtes de l'Empire.

LEGAY, Anjou, barons de l'Empire.

LEGENDRE DE LUÇAY, comtes de l'Empire.

LE GRAS DU LUART, Touraine, Maine, marquis du Luart, 1726.

LE LIÈVRE DE LA GRANGE, Touraine, marquis de Fourilles et de la Grange, octobre 1648 et juin 1659, — comtes, 19 juin 1813, — majorat attaché au titre de marquis, 22 janvier 1825.

LE ROY DE CLINCHAMP, Touraine, Maine, Anjou, comtes, décembre 1565.

LE TONNELIER DE BRETEUIL, Touraine, barons, 9 mars 1810, 23 décembre 1823.

L'HARIDON PENGUILLY, barons, 1819.

LIÉBERT DE NITRAY, Touraine, barons, lettres du 2 mai 1811.

LINIERS (de), Poitou, Touraine, comtes de Lealtad, décret de Ferdinand VII, roi d'Espagne, 1817.

LOVERDO (de), comtes de l'Empire.

LUÇAY (de), V. LEGENDRE.

LUART (du), V. LE GRAS.

LUYNES (de) , V. ALBERT (d') .

MADAILLAN, Maine, Anjou, — marquis de Lassay, avril 1647.

MAHOT DE GEMASSE, Maine, majorat au titre de baron, 3 août 1824.

MAILLÉ (de) , Touraine, Maine, Anjou, comtes de Chateauroux, juin 1575, — barons de Bouloire, septembre 1593, — marquis de Kerman, août 1612, — marquis de Brezé, 1615, — comtes de Seixploë, janvier 1626, — ducs, 1784, — majorat au titre de baron, 29 avril 1826.

MAILLY DE NESLE (de) , Maine, — marquis de Montcavrel, mars 1687, — comtes de Mailly, janvier 1744, — marquis de Mailly, août 1722.

MALARMÉ, Poitou, barons de l'Empire.

MALET DE COUPIGNY, Touraine, — marquis, août 1765.

MAUPEOU (de) , Maine, Anjou, comtes d'Ableiges, décembre 1691.

MANGIN D'OUINCE, Poitou, barons de l'Empire,

MARCHAND, baron personnel, 1830.

MARESCOT (de) , Touraine, comtes, 2 mars 1808, — confirmation du dit titre les premier juin et 24 septembre 1814, — barons, 1829.

MARIVAUX (de) , V. CHAPAIS.

MARTIN DE LA BASTIDE, Touraine, — barons, 25 mars 1810.

MARTINEAU DES CHENETZ, Touraine, — barons, 1845.

MAUPOINT DE VANDEUL, barons de l'Empire.

MAURILLE DE VILLEBOIS, Anjou, barons, 19 janvier 1811.

MENJOT, Maine, vicomtes de Champfleur et Groustel, 23 mai 1764.

MENON (de) , marquis de Turbilly, érection de mai 1750.

MENOU (de) , Touraine, marquis de Menou, érection de la terre de Neuveignes, sous le nom de Menou, en juin 1697, — comtes de l'Empire.

MERGEZ, Touraine, barons de l'Empire.

MERI DE LA CANORGUE, Touraine, comtes, bref du pape Benoît XIV, 24 avril 1747.

MERLET, Anjou, barons de l'Empire, 1809.

MESGRIGNY (de), marquis, octobre 1646, comtes de l'Empire, 1813.

MESLAY (de), V. ROUILLÉ.

MESNARD (de), Poitou, comtes, par lettres de décembre 1766.

MESNARD (de), Poitou, barons, décembre 1823.

MOGES (de), Touraine, marquis, lettres de mars 1725.

MOISANT, Touraine, comtes, par bref du pape Pie IX, 25 juin 1867.

MONCUIT DE BOISCUILLÉ, Anjou, majorat au titre de baron (dont M. de Boiscuillé était déjà en possession) 14 novembre 1820.

MONTALEMBERT (de), Poitou, — barons, 5 mars

1819.

MONTBEL, (de) , Touraine, Poitou, — comtes, par érection de la terre de Palluau, avril 1770.

MONTBOURCHER, (de) , Maine, marquis, lettres de mai 1656.

MONTECLER, Anjou, Maine, marquis, janvier 1616, 27 août 1737.

MONTESQUIOU-FEZENSAC (de) , comtes, 1777, — barons, septembre 1809, — comtes de l'Empire, — ducs, 30 avril 1821, 5 février 1832.

MONTMORENCY (de) , ducs, 1551, — ducs de Piney-Luxembourg, 1662, — ducs de Beaufort, 1688, — ducs de Montmorency, 1689, — ducs de Beaumont, 1765, — ducs de Laval, 1783, — comtes de l'Empire, 1810, — ducs, déc. 1822, juin 1824.

MORANT, Touraine, — marquis du Mesnil-Garnier, 1672.

MORARD DE GALLES, Touraine, comtes de l'Empire.

MOREAU DE BELLAING, barons, 23 février 1821.

MORIÈRE (de), V. CHABIEL.

MOTHE-HOUDANCOURT (de la), marquis, nov. 1700.

MOTTE-VILLEBRET (de la), Touraine, vicomtes, 1653.

MOUCHARD DE CHABAN, V. CHABAN.

MUIRON, comtes de l'Empire.

NADAILLAC (de), V. POUGET.

NARCILLAC (de), V. PANDIN.

NEUFVILLE (de), Touraine, ducs de Villeroy, sept. 1651.

NICOLAI (de), marquis, 1665, — comtes de l'Empire, — marquis, 1817.

NOYELLES (de), Touraine, comtes, 1614.

NUCHÈZE (de), Poitou, comtes, par érection de la terre de Brain, sept. 1697.

ORFEUIL (d'), V. ROUILLÉ.

ORILLARD DE VILLEMANZY, Touraine, — comtes, 1809.

ORNANO (d') , Touraine, comtes de l'Empire.

PAGERIE (de la) , V. TASCHER.

PALLU DU PARC , Poitou, barons, par lettres du 14 août 1816.

PANON DESBASSAYNS DE RICHEMONT, Touraine, barons, mars 1815, — comtes, octobre 1827.

PANDIN DE NARCILLAC , Poitou, comtes, 4 avril 1830.

PARC (du) , V. PALLU.

PARC DE LOCMARIA (du) , Touraine, marquis, par érection de la terre du Guerand, mars 1637.

PASQUERAYE DU ROUZAY, Anjou, comtes, avec majorat, 6 juillet 1826.

PAVÉE DE VENDEUVRE, barons, 14 février 1810.

PENGUILLY-L'HARIDON (de) , barons, 16 avril 1830.

PERIGNON (de) , comtes de l'Empire, — marquis, 1824, — barons, 1829.

PERRIN, Touraine, ducs de Beliune, 1808.

PERTHUIS (de) , barons, 1813.

PERUSSE DES CARS (de) , Poitou, Touraine, Anjou, comtes, 1561, — comtes de la Vauguyon, 1586, — ducs des Cars, mai 1815, mars 1825.

PERVINQUIÈRE, Poitou, barons 1811.

PICOT DE VAULOGÉ, Maine, vicomtes de Vaulogé, 22 mars 1827.

PIERRE DE FREMEUR (de la) , Touraine, barons, 16 mai 1813, — confirmation du titre de marquis, 16 août 1817.

PIERRES DU FOUGERAY (de) , Touraine, Maine, vicomtes, 26 mai 1820 .

PILOTTE DE LA BAROLLIÈRE, Touraine, barons, 25 mars 1810, 25 octobre 1821.

PLESSIS (du) , Anjou, marquis de Jarzè, lettres de 1615 et 1694.

PLESSIS-RICHELIEU (du) , Touraine, Poitou, Anjou, ducs de Richelieu, août 1631.

POMMEREU (de) , Anjou, marquis d'Aligre, nov. 1718, 1825.

PONT D'AUBEVOYE (du) , Maine, Touraine, Anjou, barons, 19 mars 1808.

PORTALIS, Anjou, comtes de l'Empire, barons-pairs, 1820-22.

PORTE (de la)´, Poitou, ducs de la Meilleraye, déc. 1663.

POTIER, Maine, barons de Gesvres, 1597, — marquis, janvier 1626.

POUGEARD DU LIMBERT, Touraine, barons de l'Empire.

POUGET DE NADAILLAC, Touraine, marquis, 1860.

POURSAT (de) , V. DUPONT.

POUSSARD, Poitou, marquis de Fors, par lettres de mai 1639.

PRIE (de) Touraine, marquis, février 1724.

PRONLEROY (de), V. LANCRY.

PRUEZ, Touraine, barons de l'Empire.

PUIVERT (de), V. ROUX.

PULLY (de), V. RANDON.

PUYSÉGUR (de), V. CHASTENET.

RACAPÉ (de), Anjou, marquis de Magnanne, avril 1701.

RANCHER (de), majorat attaché au titre de comte, 22 janvier 1825.

RANDON DE PULLY, Poitou, comtes de l'Empire, — comtes, 1847.

REGNIER, Touraine, comtes de Grouau, 1809, — ducs de Massa, 1814, — ducs-pairs, 1816.

REILLE, Touraine, comtes de l'Empire, — barons-pairs, 1820.

RENTY (de), barons, 6 novembre 1828.

RICHEBOURG (de) , V. QUENTIN.

RIEL DE BEURNONVILLE, Touraine, — comtes de l'Empire, — marquis, 1817, — barons-pairs, 24 avril 1821.

RIFFARDEAU, Touraine, ducs de Rivière, 30 mai 1825.

RIVAUD DE LA RAFFINIÈRE, Poitou, — comtes, 1811, 1814.

ROBIN DE LA TREMBLAYE, Poitou, vicomtes de Coulogne, sous Henri IV.

ROCHE-AYMON (de la) , Touraine, marquis, janvier 1615.

ROCHECHOUART (de) , Touraine, Poitou, ducs de Mortemart, 1663, — comtes 1810, — ducs-pairs, 4 juin 1814.

ROCHE DE FONTENILLES (de la) , Maine, marquis, 6 février 1654.

ROCHECOT (de) , V. GUILLON.

ROCHEFOUCAUD (de la) , Poitou, Touraine, Maine,

comtes, 1525, — ducs, 1622, — ducs d'Anville, 1732-46, — ducs d'Estissac, 1737, — de Liancourt, 1765, — de Doudeauville, 1780, — comtes de l'Empire, — ducs d'Estissac, 1839.

ROCHEJACQUELEIN (de) , V. VERGIER (du) .

ROGER-DUCOS, Touraine, comtes de l'Empire.

ROGNIAT, barons de l'Empire.

ROHAN (de) , Poitou, Touraine, comtes de Montbazon, 1547, — ducs de Montbazon, 1588-94, — comtes de Montauban, 1611, — princes de Rochefort, 1728, — ducs de Bouillon, 1816.

ROHAN-CHABOT (de) , Anjou, Poitou, Touraine, ducs de Rohan, 1652.

ROMAND (de) , V. BACOT.

RONCHEROLLES, (de) Touraine, marquis 1652.

ROSEMBURG (de), V. TWENT.

ROSTAING (de) , barons, 1817.

ROUAULT, Poitou, marquis de Gamaches, lettres de

mai 1620.

ROUGÉ (de), Maine, Anjou, pairie au titre de marquis, 22 janvier 1825.

ROUILLÉ, Maine, comtes de Meslay, lettres d'octobre 1638.

ROUILLÉ D'ORFEUIL, Touraine, barons, 6 octobre 1810 et 1829.

ROULLET DE LA BOUILLERIE, barons de l'Empire, — comtes, 1830.

ROUSSEAU (du), Touraine, Poitou, marquis de Fayolles, confirmation du dit titre, porté depuis 1775, 7 avril 1869.

ROUSSEAU DE CHAMOY, barons, 9 mai 1811, — confirmation du titre de marquis, 16 juin 1818.

ROUSSELET, Touraine, marquis de Châteaurenault, 1620, — confirm. en avril 1704.

ROUX DE PUIVERT, titre de marquis, avec majorat, 16 juin 1820.

ROUZAY (du), V. PASQUERAYE.

ROY DE LA POTHERIE (Le) comtes de la Potherie, sept. 1748.

RUZÉ, Touraine, marquis d'Effiat, par lettres de mai 1624.

SAINT-AGNAN (de) , V. THIRAT.

SAINT-CHAMANS (de) , Touraine, marquis, novembre 1695.

SAINTE-MAURE-MONTAUSIER (de) , comtes de Nesle, 1466, — marquis, 1545, — comtes-pairs 17 août 1815.

SAINT-GEORGES (de) , Touraine, Poitou, marquis. 1818, — barons, 1820.

SAINTRAILLES (de) , Maine, — vicomtes, février 1635.

SALVANDY (de) , Maine, comtes, 1845.

SANGUIN, Touraine, marquis de Livry, érection de 1688.

SARRAZIN (de) , Touraine, Poitou, comtes, 21 juin 1785 et 5 septembre 1816.

SAVARY DE LANCOSME, Touraine, comtes de Brèves, 1625, — barons, puis marquis de Lancosme, 1631, 1738, comtes de l'Empire.

SCHMITZ, barons de l'Empire.

SCHRAMM, Maine, barons de l'Empire, — vicomtes sous Louis XVIII, comtes sous Louis-Philippe.

SCEPEAUX (de), Anjou, comtes, par érection de la terre de Duretal, oct. 1564.

SERVIN, Poitou, — comtes de la Grève, lettres d'août 1653.

SOUBEYRAN-REYNAUD (de), barons, 1841.

SOUHAM, comtes de l'Empire.

SOULIER (du), Touraine, vicomtes, 11 juillet 1816.

SOUVRÉ (de), Touraine, Maine, marquis de Courtenvaux, 1609.

SPARRE (de), Touraine, comtes, sous Louis XIV comtes de l'Empire, — barons-pairs, 1819, 1822.

STACPOOLE (de), comtes, 1818.

STAPLETON (de), Anjou, comtes de Trèves, août 1747.

ST-BRIS, Touraine, comtes romains, 15 août 1874.

SURGÈRES (de), V. GRANGES.

TAILLEPIED, comtes de Bondy, barons et comtes de l'Empire.

TALHOUET (de), marquis de Talhouet, barons de l'Empire, — barons-pairs, 1819-26.

TALLEYRAND-PÉRIGORD (de), Touraine, comtes de Grignols, 1713, — princes-ducs de Chalais, 1744, — princes de Bénévent, 1806, — ducs de Dino, 1815, — ducs de Talleyrand, 1817, — ducs de Montmorency, 1864.

TARDY DE MONTRAVEL, barons de l'Empire, — comtes, 1816.

TASCHER DE LA PAGERIE, Maine, barons, 1811, — comtes de l'Empire, — ducs, 2 mars 1859.

TASSIN DE NONNEVILLE, Touraine, — vicomtes, 16 mai 1816.

TELLIER DE BLANRIEZ, Touraine, barons, 1845.

TERRAGE (du), V. VILLIERS.

TESTU DE BALINCOURT, Maine, Anjou, marquis, juillet 1719, — lettres de surannation, du 10 octobre 1750.

TEXIER, comtes de Hautefeuille, Maine, lettres d'août 1689.

TEXIER-OLIVIER, Touraine, barons de l'Empire.

THIBAUDEAU, Poitou, Touraine, comtes de l'Empire,

THIRAT DE SAINT-AGNAN, Touraine, barons, 31 juillet 1821.

THOU (de), Maine, Anjou, barons de Meslay, 25 août 1631 et 31 janvier 1652.

TILLETTE DE MAUTORT, barons, 1821.

TISSEUIL (de), vicomtes, avec majorat, 6 juillet 1826.

TRANCHELION (de), Touraine, barons de Senne-vières, 1450.

TREMOILLE (de la) , Poitou, Touraine, — princes de Talmont, 1469, — princes de Tarente, 1521, — ducs de Thouars, 1563, — ducs de Noirmoutiers, 1707.

TUFFIN DE LA ROIRIE, Maine, vicomtes, février 1613.

TURPIN DE CRISSÉ, Touraine, Anjou, Poitou, comtes, par érection de la terre de Vézins, août 1577.

TWENT DE ROSEMBURG, comtes de l'Empire.

VALBELLE (de) , Touraine, marquis, par lettres de janvier 1690.

VALLÉE, Maine, vicomtes de Champfleur et Groustel, février 1654.

VALORY (de)., Touraine, — princes de Rustichelli, confirm. du 12 avril 1786.

VANDEUL (de) , V. MAUPOINT.

VAULOGÉ (de)., V. PICOT.

VENDEUVRE (de) , V. PAVÉE.

VENNEVELLES (de) , V. ESPAGNE (d') .

VÉRAC (de) , V. SAINT-GEORGES.

VERGIER DE LA ROCHEJACQUELEIN (du) , Touraine, Poitou, marquis, 18 février 1818.

VIAL, barons de l'Empire.

VIART, vicomtes, 1825.

VIGNEROT DU PLESSIS, Poitou, ducs de Richelieu et de Fronsac, 1631.

VIGNY (de) , Touraine, marquis, par érection de la terre de Châteaufort de Beaumont, juillet 1722.

VILLLANDRY (de) , V. AUBIGNÉ.

VILLEBOIS (de) , V. MAURILLE.

VILLEMANZY (de) , V. ORILLARD.

VILLENEUVE-TRANS (de) , — Touraine, Anjou, Maine, marquis de Trans, 1507, — marquis de Flayose, 1678.

VILLIERS DU TERRAGE (de) , Touraine, vicomtes, avec majorat, 26 février 1825.

VOGUÉ (de) , comtes, barons-pairs, 1824-29.

VOISINS (de) , V. GILBERT.

VOLNEY (de) , V. CHASSEBŒUF.

VOLVIRE (de) , Poitou, comtes, 1607, — marquis de Ruffec, lettres de janvier 1588, registrées le 16 mai 1651.

VOYER (de) , Poitou, Touraine, — vicomtes de la Roche-de-Gennes, 1569, — comtes de Rouffiac, 1654, — vicomtes de Mouzay, 1680, — marquis d'Argenson, 1700, — barons de l'Empire.

WALSH DE SERRANT, comtes, par érection de la terre de Serrant, mars 1755, — comtes de l'Empire, — comtes, 1830.

———

ADDITIONS

BAGLION (de) , Maine, comtes, par érection de la terre de la Salle, juillet 1654.

CACQUERAY (de) , barons de l'Empire.

PELLÉTIER, comtes de la Garde, barons-pairs, 1822.

SARRUT, barons de l'Empire.

TRIAIRE, barons de l'Empire.

WALL (de) , comtes, 1825.

La mention concernant la famille de Chabrol (page 25) , doit être ainsi complétée :

CHABROL (de) , Touraine. — CHABROL (Gaspard-Claude-François de) , comte, héréditaire, 13 septembre 1814. — CHABROL DE CROUZOL (de) , comte, 1810, baron-pair, 1824. — CHABROL DE TOURNOELLE (de) , barons de Tournoëlle, 1812.

Montsoreau, imp. Carré de Busserolle.

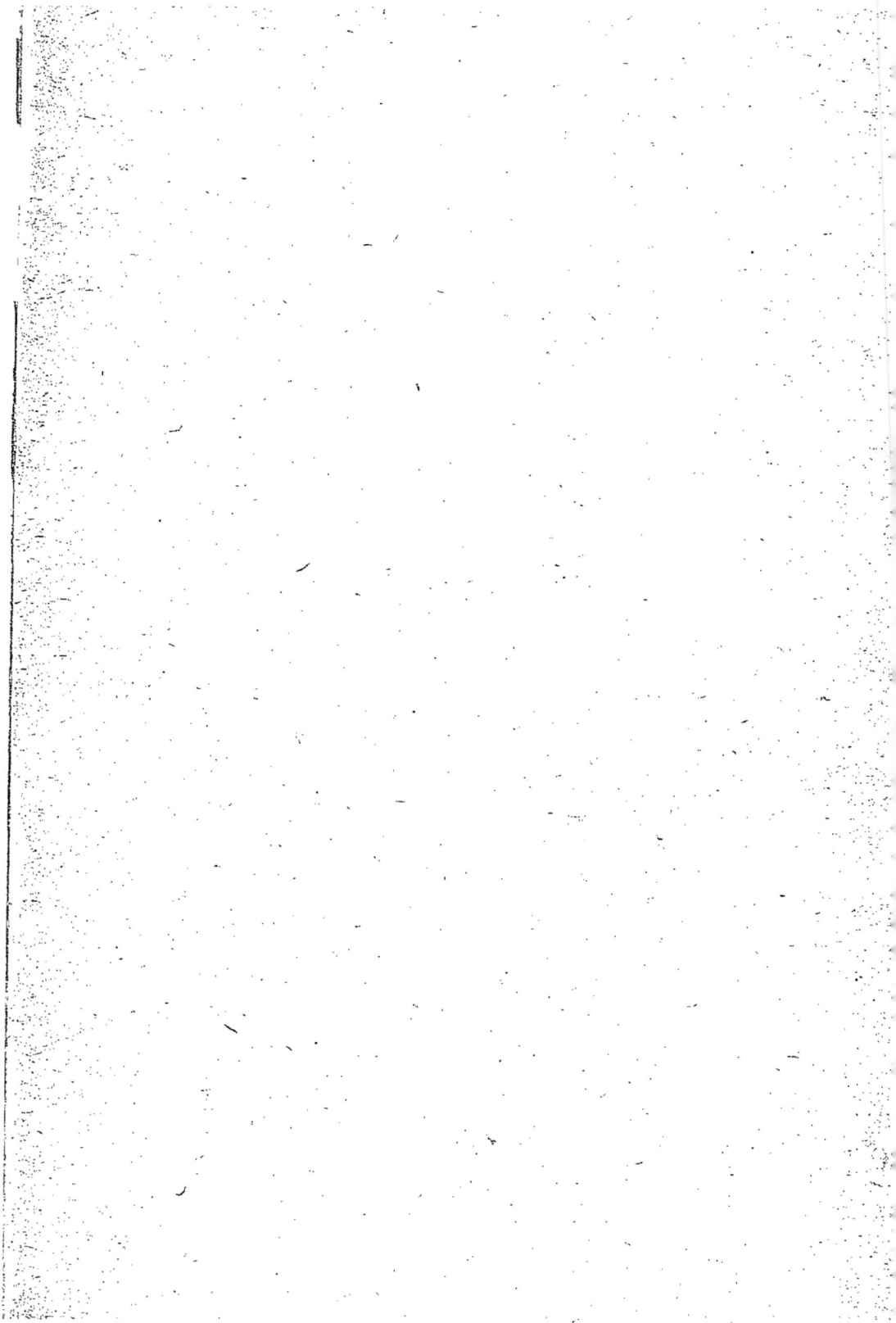

www.ingramcontent.com/pod-product-compliance
Lightning Source LLC
Chambersburg PA
CBHW070939280326
41934CB00009B/1934